LA GRANDE IMAGERIE

LES PONTS

Auteur
Cathy FRANCO

Mise en page et illustrations
Jacques DAYAN

Collection créée et conçue par
Émilie BEAUMONT

FLEURUS

FLEURUS ÉDITIONS, 15-27, rue Moussorgski, 75018 PARIS
www.fleuruseditions.com

ANATOMIE D'UN PONT

Un pont est une construction qui permet d'enjamber un espace vide (une vallée, un ravin) ou de franchir un obstacle (un cours d'eau, un bras de mer, une route, une voie ferrée). Les premiers ponts étaient sans doute de simples troncs d'arbres jetés en travers du courant. Avec les progrès de la civilisation, l'homme a construit des structures de plus en plus élaborées, mais aussi de plus en plus audacieuses, comme en témoignent les grands ponts suspendus de l'ère moderne.

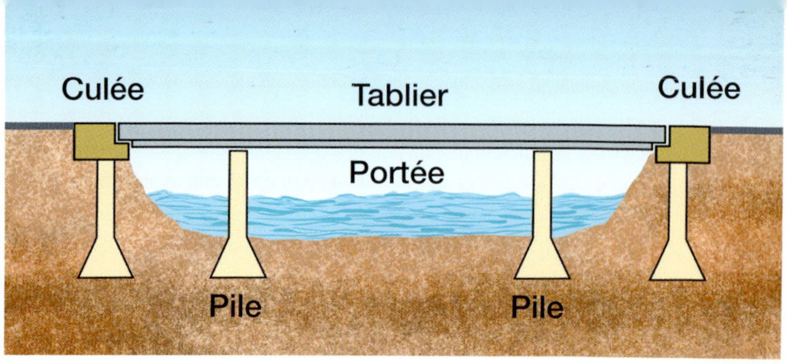

Les éléments d'un pont

Un pont est constitué d'un tablier, la partie horizontale qui supporte la voie de circulation. Le tablier repose à ses extrémités sur des points d'appui en maçonnerie ou en béton, les culées. Les piles sont des appuis intermédiaires entre les culées. La portée est la distance qui sépare deux appuis successifs.

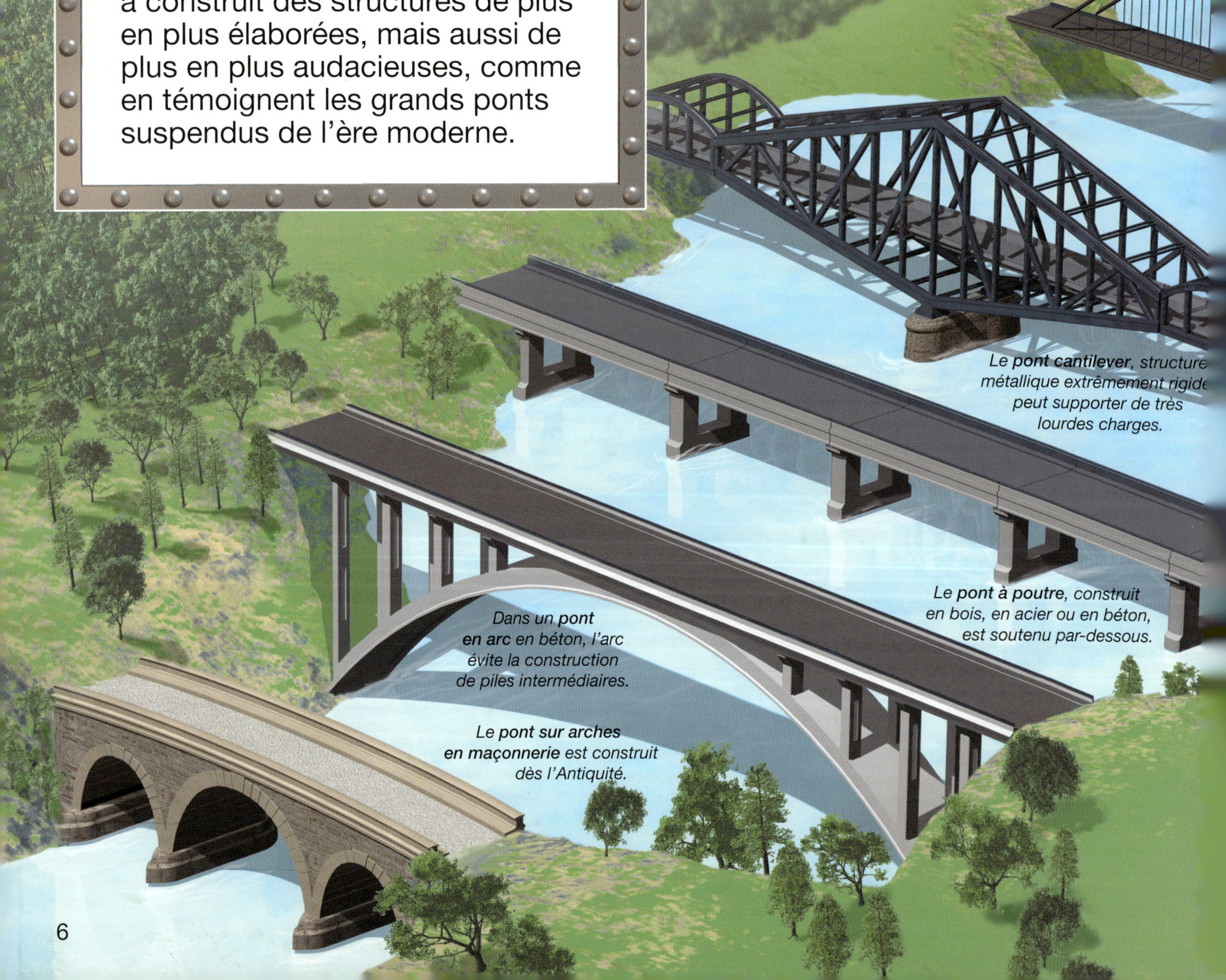

*Le **pont cantilever**, structure métallique extrêmement rigide peut supporter de très lourdes charges.*

*Le **pont à poutre**, construit en bois, en acier ou en béton, est soutenu par-dessous.*

*Dans un **pont en arc** en béton, l'arc évite la construction de piles intermédiaires.*

*Le **pont sur arches en maçonnerie** est construit dès l'Antiquité.*

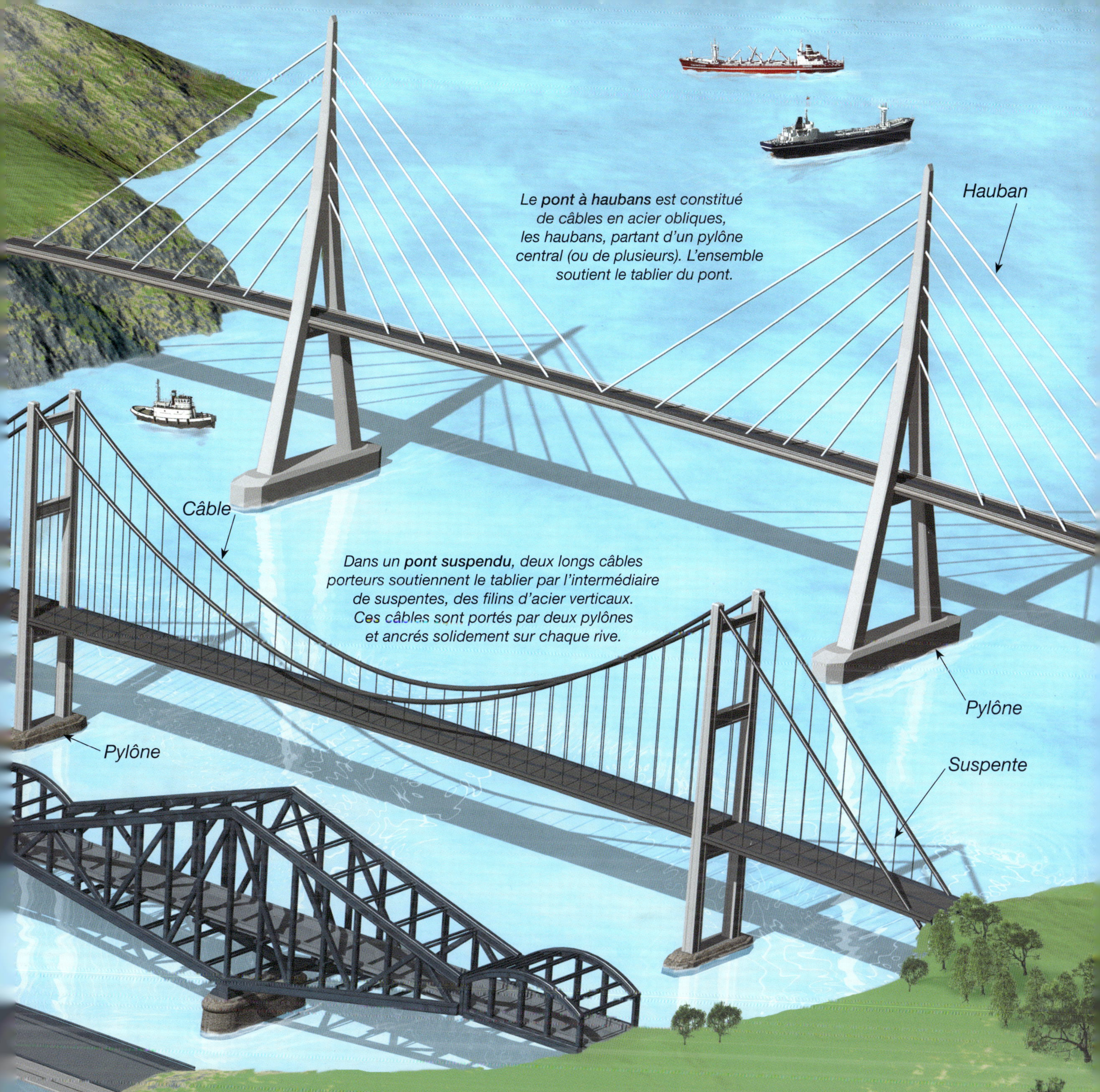

Les différents types de ponts

Dans la construction d'un pont, les arches sont choisies pour leur résistance à des poids importants ; les forces exercées sur le pont sont reportées à chaque extrémité de l'arche. Un pont peut reposer sur plusieurs arches ou former un seul grand arc. Le pont à poutre est bâti sur le principe du tronc d'arbre que l'on jette en travers d'un ruisseau. Plus il est long, plus il nécessite de piles pour le soutenir. Le pont cantilever est un pont en acier extrêmement robuste pouvant résister aux vents les plus violents. Les ponts suspendus et les ponts à haubans sont plus légers et s'intègrent mieux dans le paysage. Comme le tablier n'est pas soutenu par des piles ou des arches, mais accroché à des câbles, ces ponts permettent d'atteindre de très grandes portées sans entraver les cours d'eau ou les vallées.

PONTS D'AUTREFOIS

Les premiers ponts sont construits avec des matériaux naturels tels que le bois, les lianes et la pierre. C'est le bois qui est le plus utilisé dans l'Antiquité et au Moyen Âge, mais aucune construction n'a résisté à l'épreuve du temps. Les Romains ont construit les premiers grands ponts en maçonnerie, comme les aqueducs, élevés sur des arches, qui servaient à alimenter les villes en eau. Au Moyen Âge, les ponts se couvrent d'habitations. La tradition du pont habité demeure jusqu'à la fin du XVIIe siècle.

Le plus vieux pont du monde

Il s'agit du pont de Kazarma, en Grèce. Il a 3 300 ans ! Il a été construit par les Mycéniens, une civilisation très ancienne. Il est constitué de gros blocs calcaires qui ont été empilés jusqu'à 5,60 m de haut sans aucun liant. Il sert encore de nos jours à la circulation locale et agricole.

Le pont du Gard

Le pont du Gard, datant du Ier siècle après J.-C. et situé dans le sud-est de la France, est la partie la plus spectaculaire de l'aqueduc de 50 km de long qui approvisionnait en eau la ville de Nîmes. 90 % de cet aqueduc était souterrain, pour garder l'eau fraîche.

Le pont du Gard fait partie du patrimoine mondial de l'Unesco.

Les ponts gaulois

Les Gaulois construisent de nombreux ponts en bois. Pour traverser les torrents, ils ont une technique bien particulière. Sur chaque rive, ils amassent de gros blocs de pierre. Dessus, ils empilent des rangées de troncs d'arbres, dans un sens puis dans l'autre, et comblent les intervalles laissés vides avec des pierres. Chaque assise dépasse légèrement de l'assise précédente pour que les deux extrémités du pont se rejoignent et permettent la pose du tablier. Celui-ci est constitué de longs troncs d'arbres sur lesquels sont clouées des traverses de bois.

La construction du pont du Gard

Construit par les Romains entre 40 et 60 après J.-C., le pont du Gard fait 275 m de long et 48 m de haut (soit l'équivalent d'un immeuble de 18 étages !). Le chantier mobilise 500 hommes pendant près de 5 ans. La plupart sont des esclaves. Ils appartiennent à des corps de métiers variés : carriers, transporteurs, maçons, charpentiers, tailleurs de pierre... La pierre provient d'une carrière située en aval du pont. Les blocs de calcaire sont acheminés par voie d'eau sur le chantier. Les plus gros pèsent près de 6 tonnes ! Ils sont soulevés par d'énormes grues (1) et assemblés sans mortier. Pour la construction des arches, les charpentiers réalisent des cintres en bois géants en arc de cercle (2) sur lesquels sont disposés les blocs de pierre.

Les ponts fortifiés

Au Moyen Âge, les ponts fortifiés faisaient partie du système défensif des villes, elles-mêmes cernées de remparts. Le pont Valentré, à Cahors, en France, est le plus beau et le mieux conservé des ponts médiévaux européens. Ses tours s'élèvent à 40 m au-dessus de l'eau. La première pierre fut posée en 1308, mais le pont ne fut achevé qu'en 1378, après, selon la légende, l'intervention du diable, auquel l'architecte proposa de vendre son âme à condition qu'il l'aide à terminer les travaux au plus vite.

Véritable forteresse, le pont Valentré, en France, freina la progression des Anglais pendant la guerre de Cent Ans, qui opposa Français et Anglais de 1337 à 1453. Les deux tours situées aux extrémités servaient à filtrer les passages. Elles étaient fermées par une herse, une grille coulissant verticalement. La tour centrale faisait office de poste de surveillance, comme les tours de guet des châteaux forts.

Des hourds (1), constructions en surplomb accrochées au sommet des murs, permettaient, grâce à des ouvertures aménagées dans le sol, de déverser sur l'ennemi de la chaux vive ou de l'eau bouillante. Par les meurtrières (2), fentes aménagées dans les murs, les soldats pouvaient tirer à l'arc ou à l'arbalète tout en restant à l'abri.

Les ponts habités

Ils apparurent en Europe dès le Moyen Âge. À l'intérieur de l'enceinte des villes, les habitations avaient peu de place pour s'étendre, alors on construisit des boutiques et des maisons sur les ponts. Avec le temps, les immeubles atteignirent plusieurs étages d'habitations, non sans risque : les premiers ponts habités étaient en bois, et les incendies fréquents. De très nombreux ponts s'effondrèrent également sous le poids des maisons ou furent emportés par les crues.

Dès la fin du XVIe siècle, la nécessité de dégager des voies plus généreuses pour le trafic toujours grandissant entraîna la démolition des ponts habités. À Paris, le pont Notre-Dame (ci-dessus), bordé de deux rangées d'habitations étroites en brique et en pierre, fut détruit en 1786.

Le Ponte Vecchio, à Florence, en Italie, est l'un des rares ponts habités qui ait été préservé. Construit en 1345, il abrite depuis l'origine des commerces (aujourd'hui des joailleries). Les arrière-boutiques se prolongent en surplomb au-dessus de l'eau.

Le Pont-Neuf

Construit il y a 400 ans, il mérite pourtant le qualificatif de pont « neuf » à bien des égards. Ce fut en effet le premier pont de Paris construit en pierre. Auparavant, tous les ponts étaient en bois. Ce fut aussi le premier pont dénué d'habitations. Des trottoirs (les premiers de Paris) protègent les piétons de la boue et des chevaux. Au-dessus de chaque pile, des terrasses circulaires permettent de contempler le paysage.

384 mascarons, figures grimaçantes d'hommes ou de femmes, ornent les flancs du Pont-Neuf. Ces sculptures, toutes différentes, servaient à l'origine à éloigner les mauvais esprits.

L'ÈRE MODERNE

Dès la fin du XVIIIe siècle, le perfectionnement de la machine à vapeur permet le développement de l'industrie et l'essor de la métallurgie. Les premiers ponts en fonte (un métal) apparaissent. Au cours du XIXe siècle, le réseau routier et ferroviaire se développe. Les ponts métalliques se multiplient, d'abord en fer, plus souple et moins fragile que la fonte, puis en acier, très résistant. Des structures audacieuses voient le jour : grands viaducs ferroviaires, ponts suspendus... Aujourd'hui, la plupart des grands ponts sont en acier et en béton.

Le viaduc de Garabit

Situé dans le Massif central, en France, cet ouvrage ferroviaire majestueux en fer a été construit par Gustave Eiffel, le père de la tour Eiffel, entre 1880 et 1884. Il faut savoir que Gustave Eiffel était avant tout un génial constructeur de ponts métalliques (on l'appelait le « magicien du fer »), et c'est son savoir-faire dans ce domaine et sa renommée internationale qui lui valurent d'être choisi pour construire la tour Eiffel. D'une longueur de 564 m, le viaduc de Garabit enjambe les gorges de la Truyère, à 95 m au-dessus du niveau de l'eau ! Son arche élégante a une portée de 165 m, un record pour l'époque. Les trains l'empruntent toujours.

Le pont de Coalbrookdale

Ce pont en fonte d'une portée de 30 m est le tout premier pont métallique. Il a été construit en Angleterre en 1776 sur le fleuve Severn. Constitué d'environ 800 pièces, dont les plus imposantes pèsent près de 5 tonnes, il a été assemblé sur le chantier comme un Meccano géant. Pour chaque pièce, un modèle en bois grandeur nature a été réalisé, enfoncé dans un lit de sable humide très compact puis délicatement retiré. Il ne restait plus qu'à remplir l'empreinte de fonte en fusion.

L'assemblage des poutrelles est réalisé à l'aide de boulons provisoires, puis les pièces sont fixées définitivement les unes aux autres avec des rivets (pièces d'assemblage longilignes). Les poseurs de rivets travaillent par équipes de quatre. Le « mousse » (A) chauffe le rivet au rouge. Le « teneur de tas » (B) l'introduit dans le trou et le maintient par la tête. Le « riveteur » (C) frappe sur l'extrémité opposée pour former l'autre tête. Le « frappeur » (D) finit d'aplatir la tête à coups de masse.

La construction du viaduc

Les deux premières années sont consacrées aux travaux de maçonnerie. Puis vient l'élévation des piles métalliques, dont les plus hautes atteignent 60 m ! Les pièces métalliques, prêtes à être assemblées, sont préparées dans les ateliers d'Eiffel en région parisienne. Pour construire l'arche gigantesque, les ouvriers édifient en travers de la gorge une passerelle provisoire en bois qui permet de transporter les matériaux et de les hisser à l'aide de grues. Les deux extrémités de l'arche sont montées simultanément et maintenues en place par des câbles d'acier. Les calculs d'Eiffel sont si précis qu'elles s'ajustent au millimètre près !

Le viaduc de Garabit.

Le pont de Brooklyn

C'est l'un des plus anciens ponts suspendus des États-Unis. Surplombant l'East River, il relie les quartiers new-yorkais de Manhattan et de Brooklyn. Les câbles et le tablier sont en acier et les piliers en granit. Ces derniers atteignent 90 m de haut et ont été construits sur de solides fondations établies jusqu'à 30 m sous le niveau de l'eau. Pour travailler sous l'eau, les terrassiers utilisèrent de gigantesques cloches de plongée. La construction du pont de Brooklyn dura 14 ans (entre 1869 et 1883) et mobilisa un millier d'hommes.

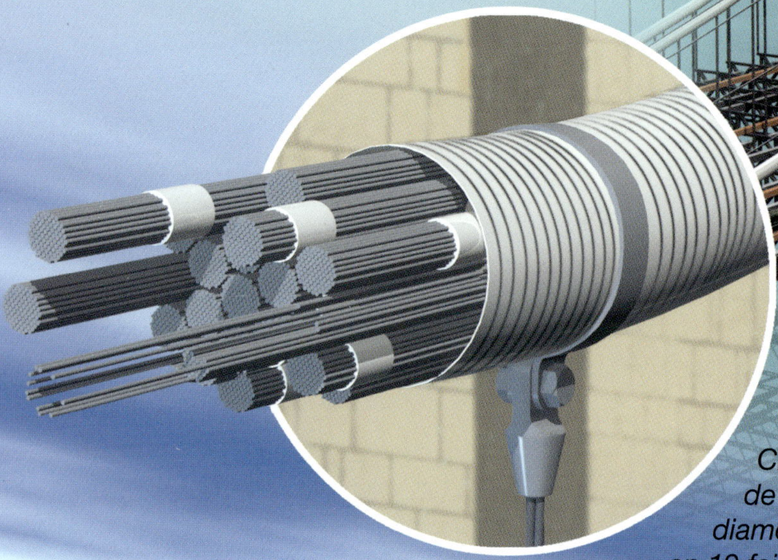

Chaque câble est formé de 5282 brins d'acier du diamètre d'un crayon assemblés en 19 faisceaux de 278 brins.

Le pont du Forth

Construit en Écosse sur le fleuve Forth entre 1882 et 1890, ce pont ferroviaire de 2,5 km et de 100 m de haut est l'un des ponts les plus monumentaux jamais construits. Surnommé le Dinosaure d'Acier, il est constitué d'un enchevêtrement d'imposantes poutrelles et de tubes d'acier de plus de 3 m de diamètre. Extrêmement rigide, d'une solidité à toute épreuve, il a été conçu pour résister aux vents les plus violents. 4600 hommes au plus fort du chantier ont participé à sa construction. Pour assembler l'énorme structure métallique, qui pèse plus de cinq fois le poids de la tour Eiffel, ils ont posé près de 7 millions de rivets !

Ci-contre, le pont de Brooklyn aujourd'hui. L'imposant édifice supporte encore un trafic quotidien de près de 150 000 véhicules !

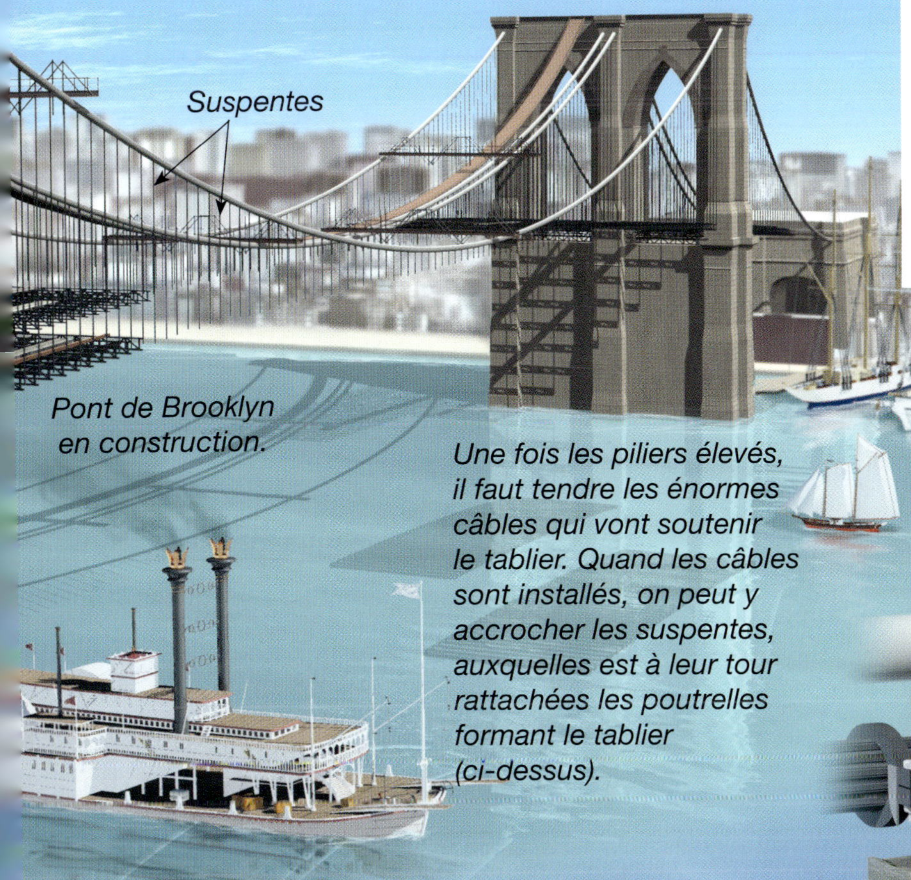

Pont de Brooklyn en construction.

Une fois les piliers élevés, il faut tendre les énormes câbles qui vont soutenir le tablier. Quand les câbles sont installés, on peut y accrocher les suspentes, auxquelles est à leur tour rattachées les poutrelles formant le tablier (ci-dessus).

Les câbles sont enveloppés dans une spirale de zinc destinée à les protéger de la corrosion (la destruction progressive par la rouille). Ils sont ancrés solidement dans d'énormes massifs de maçonnerie à chaque extrémité du pont.

Aujourd'hui, le pont du Forth est toujours aussi résistant. Plus de 100 trains empruntent chaque jour ses deux voies de circulation.

Le pont de Sydney

Construit entre 1925 et 1932, ce pont en arc métallique occupe une place très importante dans le cœur des habitants de Sydney, en Australie, qui l'ont baptisé affectueusement le Vieux Cintre. Pourtant, malgré son âge, il rivalise encore avec les plus grands ponts actuels. C'est en effet le pont le plus large du monde, avec un tablier supportant 12 voies de circulation (8 pour les voitures, 2 pour les trains, 2 pour les piétons et les cyclistes), et toutes sur le même niveau ! Les deux parties de l'arc, retenues par 128 câbles d'acier et d'une portée impressionnante d'un demi-kilomètre, ont été montées depuis chaque rive. Pour fermer l'arc, on a relâché légèrement et simultanément les câbles, de manière à ce que les deux parties s'abaissent jusqu'à se rejoindre. L'opération a duré 5 jours, mobilisant 24 h sur 24 sur chaque moitié de l'arc une équipe de 6 hommes en contact téléphonique permanent.

Le Golden Gate en construction.

Pendant la construction, les ouvriers ont placé entre les deux tours une passerelle provisoire pour pouvoir tendre les câbles de l'une à l'autre.

Les amateurs de sensations fortes peuvent grimper tout en haut de l'arche du pont de Sydney en empruntant des cheminements très étroits. L'arche, qui est la plus haute du monde, s'élève à 134 m au-dessus de l'eau. Son sommet offre une vue imprenable sur la baie de Sydney et son célèbre opéra.

Opéra de Sydney

Le pont du Golden Gate

Ce célèbre pont qui surplombe la baie de San Francisco, aux États-Unis, mesure 2 237 m de long. Il a été construit entre 1933 et 1937. Chaque pilier culmine à 230 m au-dessus de l'eau, soit la hauteur d'un gratte-ciel de 75 étages! Les deux câbles soutenant le tablier ont près d'un mètre de diamètre. Mis bout à bout, les brins d'acier qui les composent ont une longueur totale de 130 000 km, de quoi faire trois fois le tour de la planète! Situé dans une zone facilement frappée par les tremblements de terre, le pont a été conçu pour que ses piliers puissent bouger sans imposer à sa structure de déformation permanente, ni de rupture du tablier.

LE VIADUC DE MILLAU

Ce géant de béton et d'acier, inauguré fin 2004, enjambe la vallée du Tarn, dans le sud de la France, sur une distance de 2 460 m. C'est le pont le plus haut du monde : son sommet culmine à 343 m ! Fruit de l'alliance entre l'architecte anglais lord Norman Foster, qui a dessiné ses lignes épurées s'inscrivant harmonieusement dans l'environnement, et de l'ingénieur français Michel Virlogeux, qui a su résoudre les défis techniques liés à sa réalisation, il a été construit dans un délai record de 3 ans.

Le viaduc de Millau est plus haut que la tour Eiffel ! Il dépasse de 20 m la grande dame de fer.

La construction d'un géant

Le chantier mobilise 600 ouvriers et met en œuvre les techniques de construction les plus modernes. Mais, pour pouvoir élever les piles vertigineuses et construire dessus le tablier qui pèse à lui seul 36 000 tonnes, il faut commencer par creuser des fondations très solides. Dès l'automne 2001, les engins de terrassement envahissent la vallée pour aplanir le sol.

Rouler sur un tablier suspendu à 254 m au-dessus du vide : vertigineux !

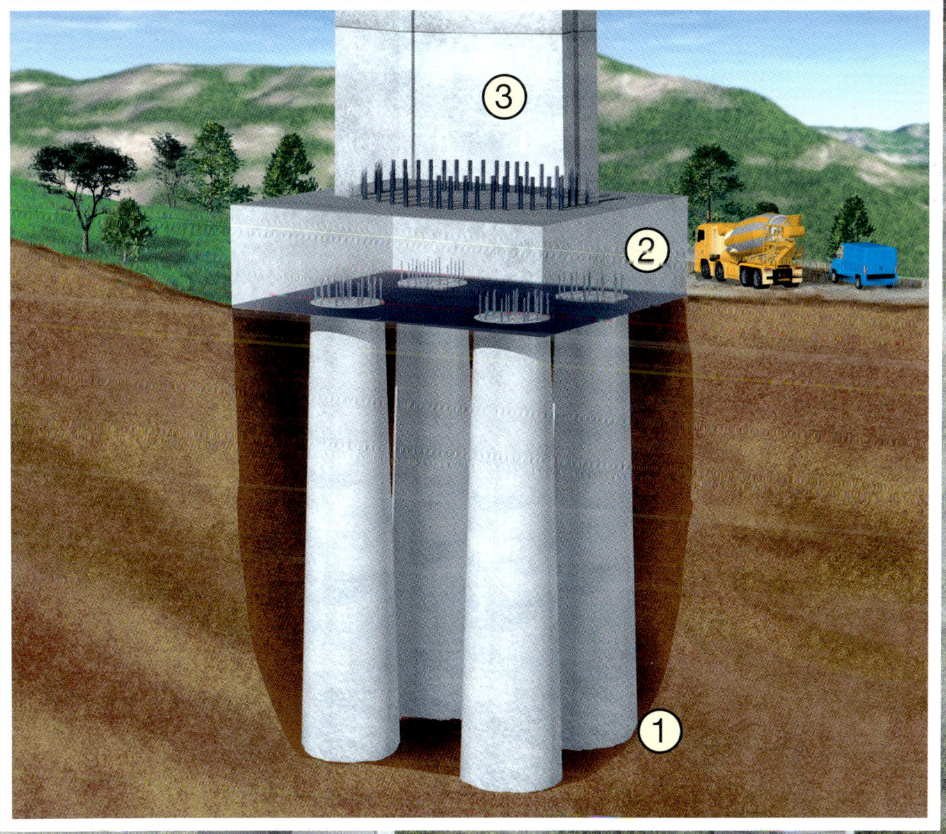

Les fondations

Pour établir les fondations de chaque pile, on creuse dans le sol 4 puits de 5 m de diamètre (1) afin d'atteindre le socle rocheux. Puis on les remplit de béton armé (un béton renforcé coulé sur une armature de tiges métalliques). Ces puits s'enfoncent jusqu'à 12 à 18 m de profondeur. Sur cette base extrêmement solide, on scelle une semelle de béton armé de 5 m d'épaisseur (2) sur laquelle sera ancrée la pile (3) mesurant 217 m² à la base, soit la superficie d'un terrain de tennis !

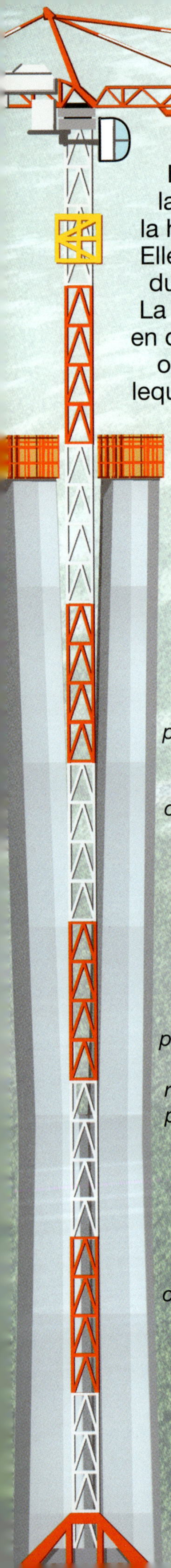

La construction des piles

Le viaduc de Millau comporte sept piles, dont la plus haute culmine à 245 m, soit quatre fois la hauteur de la cathédrale Notre-Dame de Paris ! Elles sont construites simultanément pour gagner du temps ; il y a donc sept chantiers, un par pile. La construction débute en avril 2002 pour s'achever en octobre 2003. Pour élever les parois de ces géantes, on utilise un coffrage auto-grimpant : un moule dans lequel est coulé le béton et qui s'élève au fur et à mesure de la construction (voir ci-dessous).

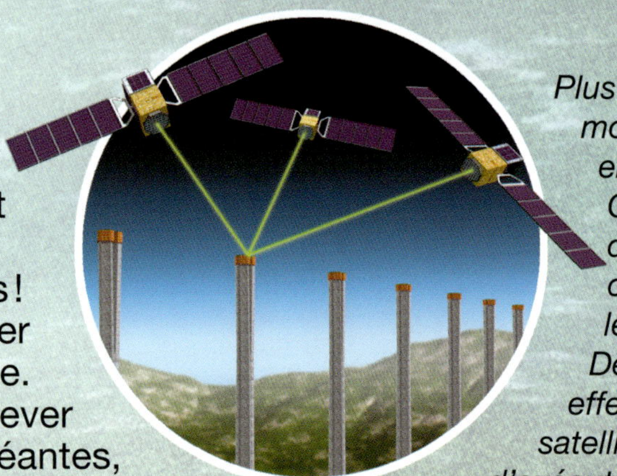

Plus les piles montent, plus elles s'affinent. Chaque fois qu'on lève le coffrage, il faut le repositionner. Des mesures effectuées par satellite permettent d'exécuter cette opération au millimètre près et d'obtenir une parfaite verticalité des piles.

Le coffrage auto-grimpant

A. Tout en haut de la pile sont positionnés les deux panneaux (1 et 2) constituant le coffrage dans lequel on coule le béton.

B. Quand le béton est sec, on écarte les panneaux.

C. Le coffrage est remonté de 4 m : le panneau extérieur (1) glisse le long de rails (3) tandis que le panneau intérieur (2) est remonté par une grue.

D. De nouveau, les panneaux sont mis en place pour couler 4 m de béton, et ainsi de suite.

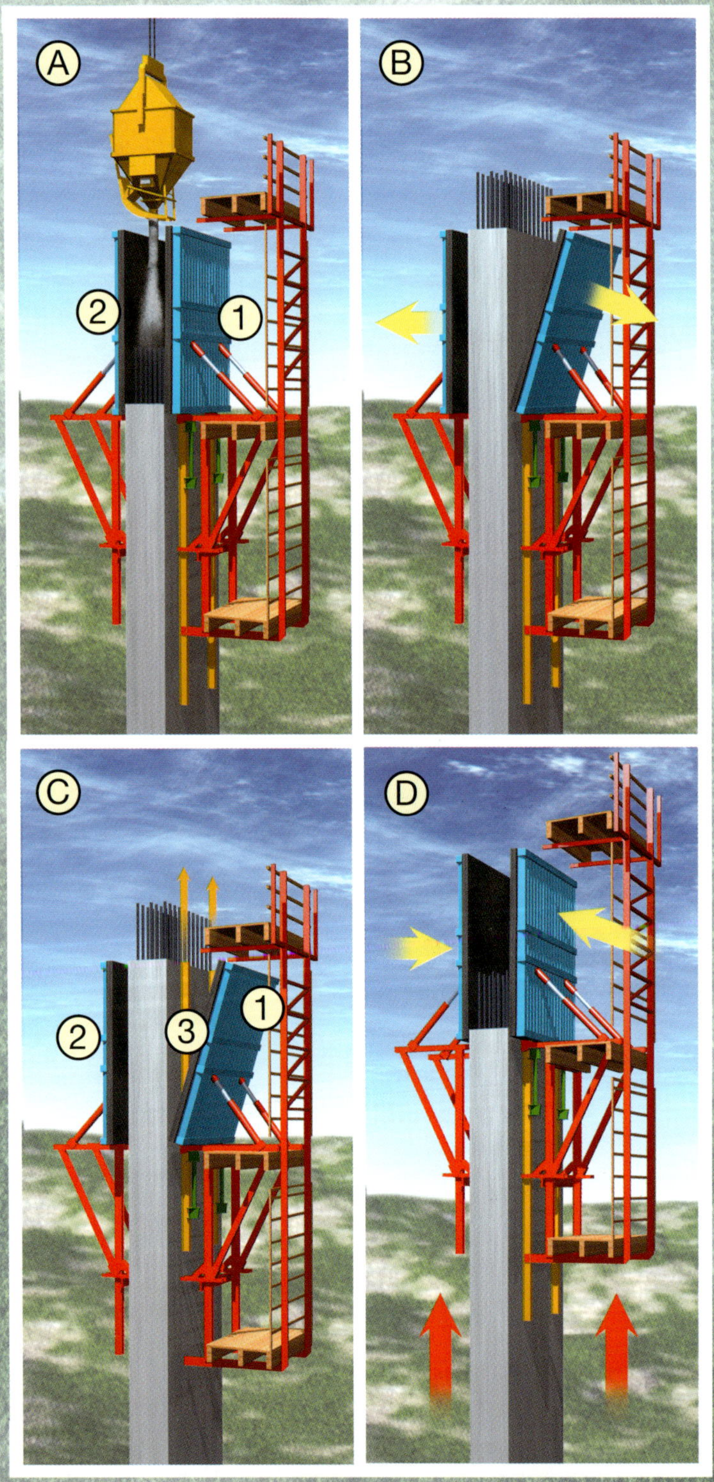

De 4 m en 4 m, les piles s'élancent vers le ciel. Les ouvriers empruntent un ascenseur pour accéder à leur sommet. Les godets remplis de béton liquide et les armatures métalliques destinées à le renforcer sont récupérés au sol par une grue vertigineuse qui atteindra au final 270 m !

Pour saisir et hisser le matériel qui se trouve plusieurs dizaines de mètres au-dessous de lui, le grutier dispose d'une caméra équipée d'un puissant zoom qui lui permet de travailler avec précision. Il est aussi en contact radio permanent avec ses collègues situés plus bas.

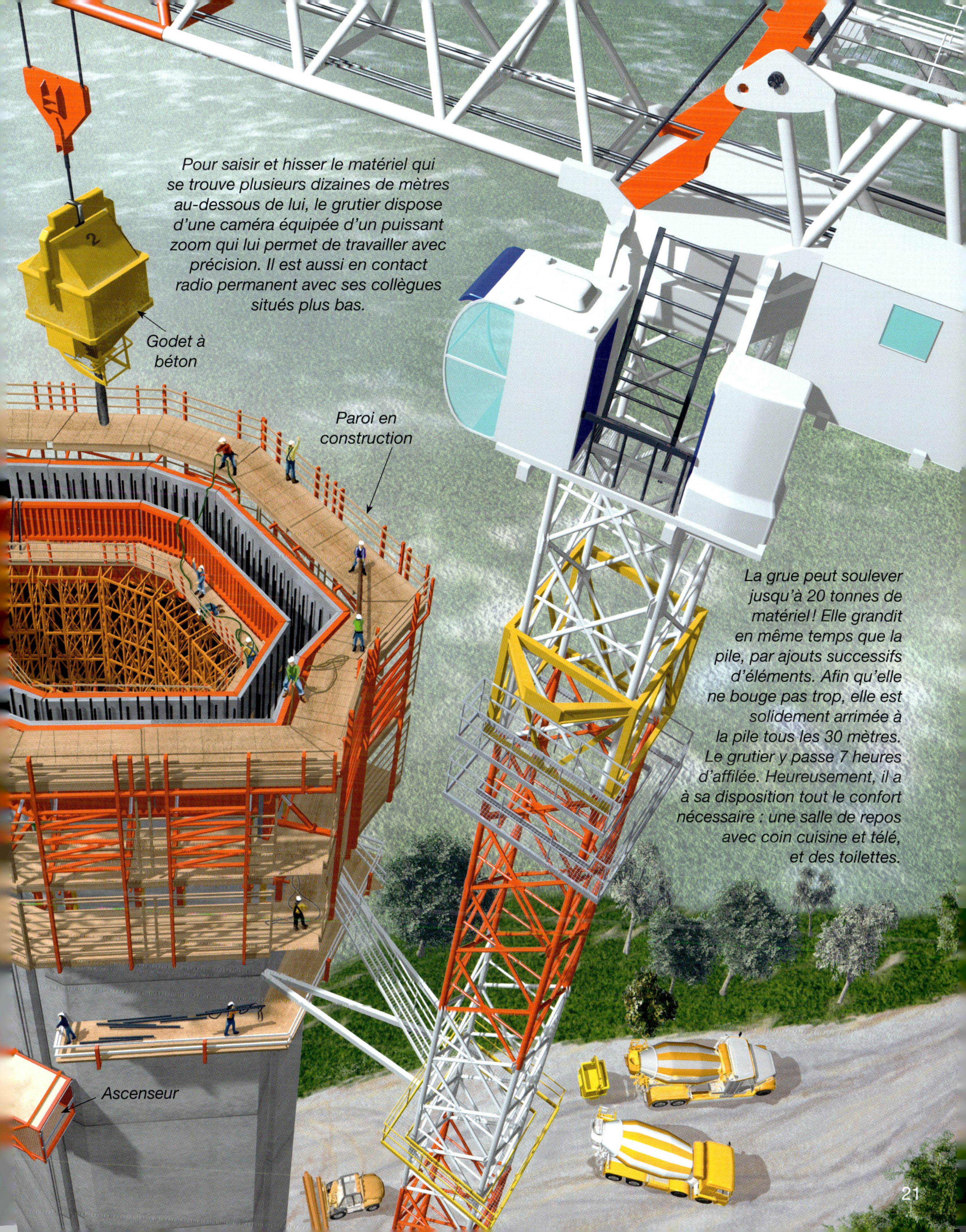

La grue peut soulever jusqu'à 20 tonnes de matériel ! Elle grandit en même temps que la pile, par ajouts successifs d'éléments. Afin qu'elle ne bouge pas trop, elle est solidement arrimée à la pile tous les 30 mètres. Le grutier y passe 7 heures d'affilée. Heureusement, il a à sa disposition tout le confort nécessaire : une salle de repos avec coin cuisine et télé, et des toilettes.

Le tablier s'élance dans le vide !

Pendant que les piles s'élèvent, on assemble les pièces du tablier métallique à chaque extrémité du pont. On y trouve deux chaînes de montage où les éléments sont soudés et peints. Le tablier est monté par tronçons de 171 m de long, pesant chacun 2 223 tonnes. Dès qu'un tronçon est terminé, on le fait avancer au-dessus du vide grâce à un système spécialement mis au point pour le chantier, les translateurs (voir schéma du bas). Ainsi, au fil de sa construction, le tablier est poussé de pile en pile, de part et d'autre de la vallée, jusqu'à ce que ses deux extrémités se rejoignent, au millimètre près !

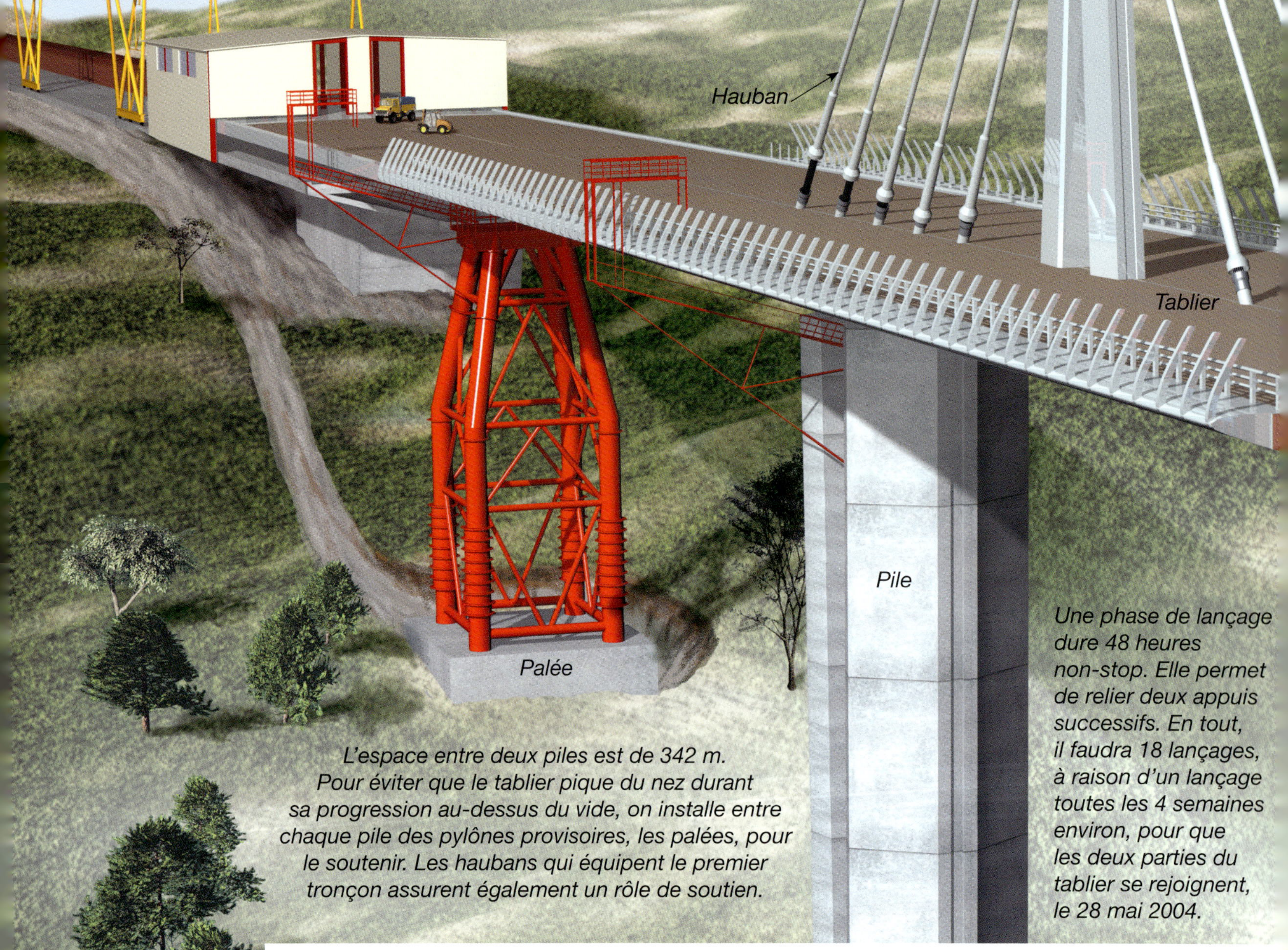

L'espace entre deux piles est de 342 m. Pour éviter que le tablier pique du nez durant sa progression au-dessus du vide, on installe entre chaque pile des pylônes provisoires, les palées, pour le soutenir. Les haubans qui équipent le premier tronçon assurent également un rôle de soutien.

Une phase de lançage dure 48 heures non-stop. Elle permet de relier deux appuis successifs. En tout, il faudra 18 lançages, à raison d'un lançage toutes les 4 semaines environ, pour que les deux parties du tablier se rejoignent, le 28 mai 2004.

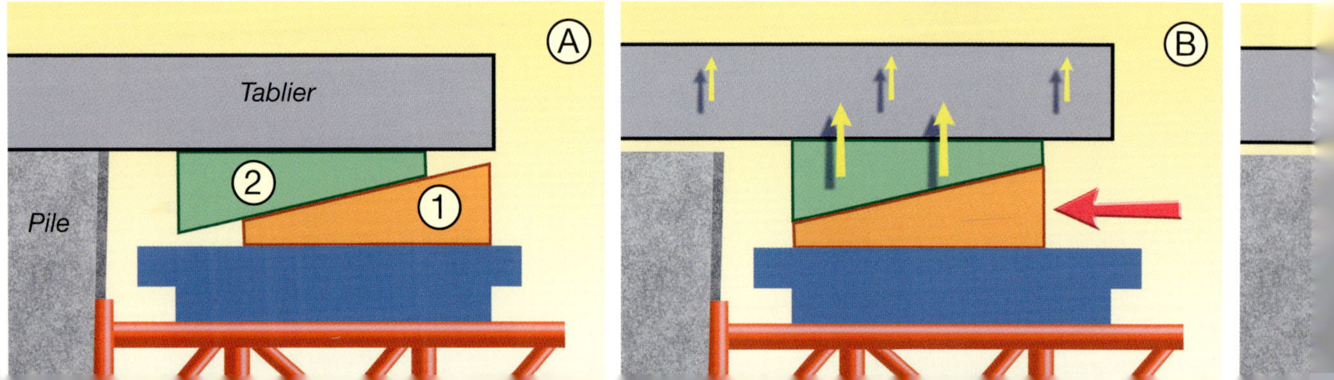

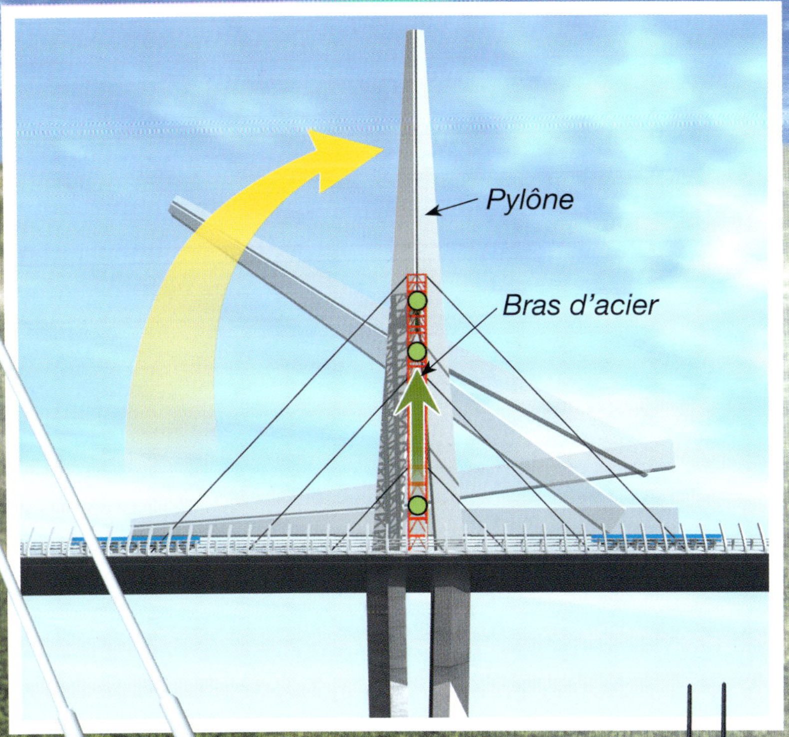

La montée des pylônes

Une fois le tablier mis en place, on achemine sur le pont les pylônes qui vont permettre de tendre les haubans. Ces mastodontes atteignent 89 m de haut et pèsent près de 700 tonnes ! Couché sur le flanc sur quatre plateaux mobiles, chaque pylône est pris en tenaille par deux immenses bras d'acier reliés par une barre horizontale (signalée en vert sur le dessin). Cette barre est relevée progressivement et permet au pylône de basculer en position verticale. Dès que les pylônes et les haubans sont en place, on peut démonter les palées provisoires et passer au revêtement de la chaussée. Le 14 décembre 2004, 3 ans après la pose de la première pierre, le viaduc flambant neuf est inauguré.

Les translateurs sont commandés par un ordinateur central pour être parfaitement synchronisés.

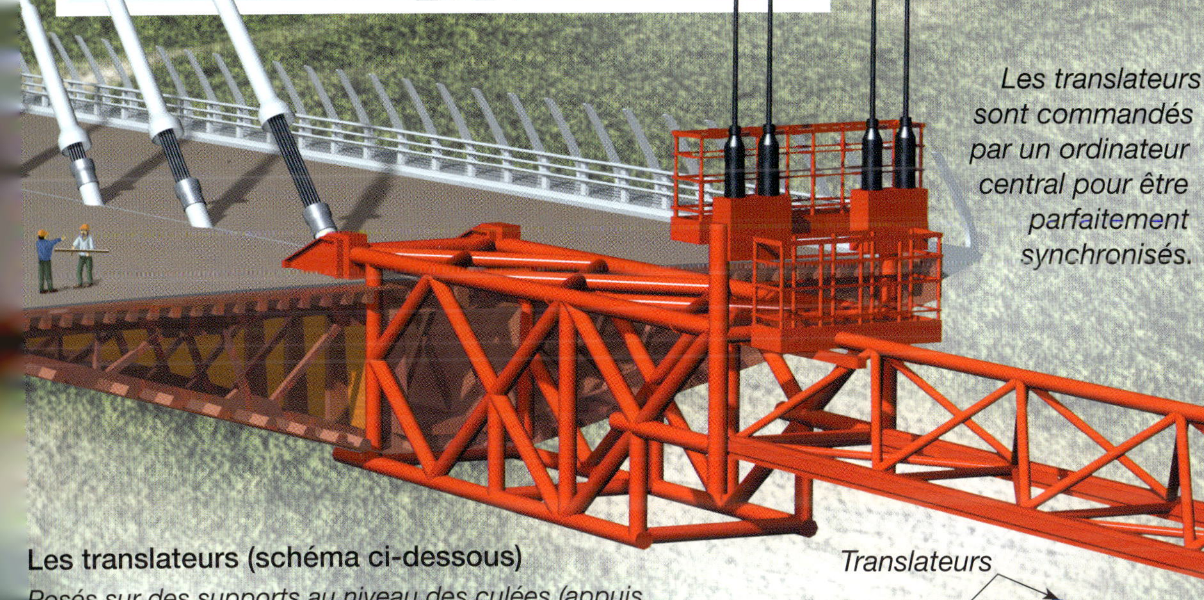

Les translateurs (schéma ci-dessous)

Posés sur des supports au niveau des culées (appuis aux extrémités du pont), ainsi qu'au sommet des piles et des palées, ils vont permettre de faire glisser le tablier au-dessus du vide. Chaque translateur (il y en a quatre par appui, en bleu) est constitué de deux cales superposées (1 et 2) sur lesquelles repose le tablier :

A. Position initiale.
B. La cale 1 glisse sous la cale 2 ; le tablier se soulève de 2 cm.
C. Les 2 cales avancent de 60 cm, entraînant avec elles le tablier.
D. Les cales reprennent leur position initiale. Le tablier redescend.
Et ainsi de suite.

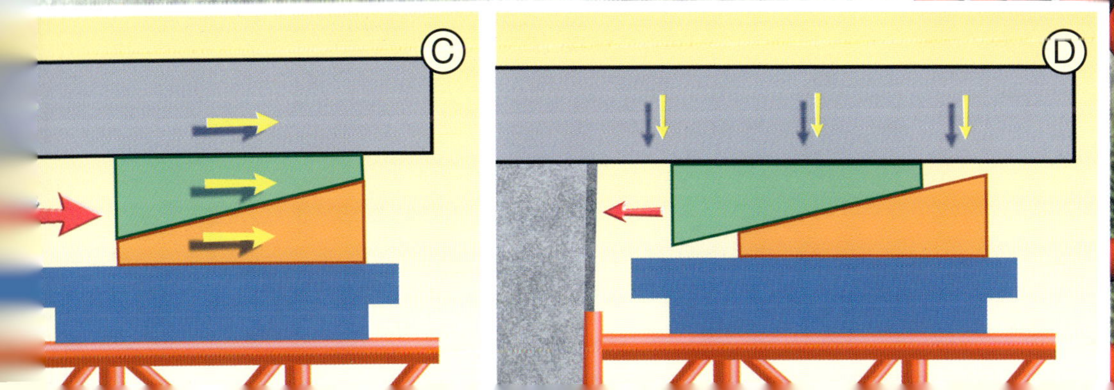

DRÔLES DE PONTS

Certains ponts sont très particuliers, comme les ponts couverts, protégés par un toit. Les ponts mobiles apparaissent dès le Moyen Âge, sous la forme des ponts-levis qui protégeaient l'entrée des châteaux forts : une fois le tablier relevé à l'aide de chaînes, plus personne ne pouvait pénétrer dans la forteresse. Depuis, les ponts mobiles ont perdu leur caractère défensif. Situés à l'entrée des ports, ils permettent de libérer, à certains moments de la journée, le passage pour les bateaux ; le tablier peut se relever, basculer, ou même se replier sur le côté comme un accordéon !

Tower Bridge

Malgré son allure d'un autre temps, ce pont du XIXe siècle est tout à fait révolutionnaire. Construit en 1886 sur la Tamise, à Londres, il devait pouvoir laisser passer les grands voiliers de l'époque. Aussi le tablier fut-il conçu en deux parties de 1 200 tonnes chacune, pouvant se relever comme un pont-levis. Cette prouesse fut possible grâce aux machines à vapeur, qui actionnaient le mécanisme de levage dissimulé à l'intérieur de chaque tour.

Un pont roulant

Ce pont, unique en son genre, permet de franchir une passe maritime entre Saint-Malo et Saint-Servan, en Bretagne, entre 1873 et 1922. La plate-forme était supportée, au-dessus des plus hautes eaux, par quatre montants en fer et se déplaçait sur un chariot roulant qui circulait sur des rails.

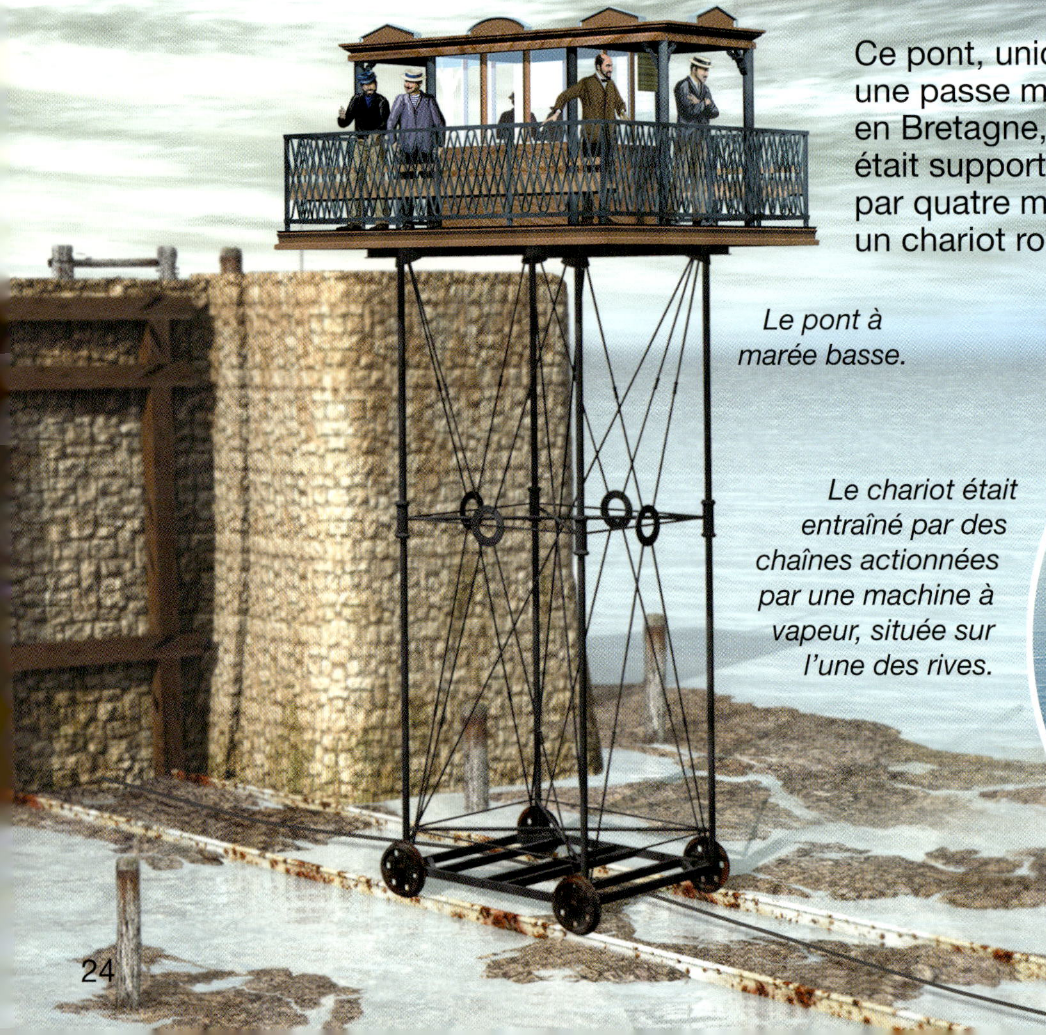

Le pont à marée basse.

Le chariot était entraîné par des chaînes actionnées par une machine à vapeur, située sur l'une des rives.

Le pont à marée haute.

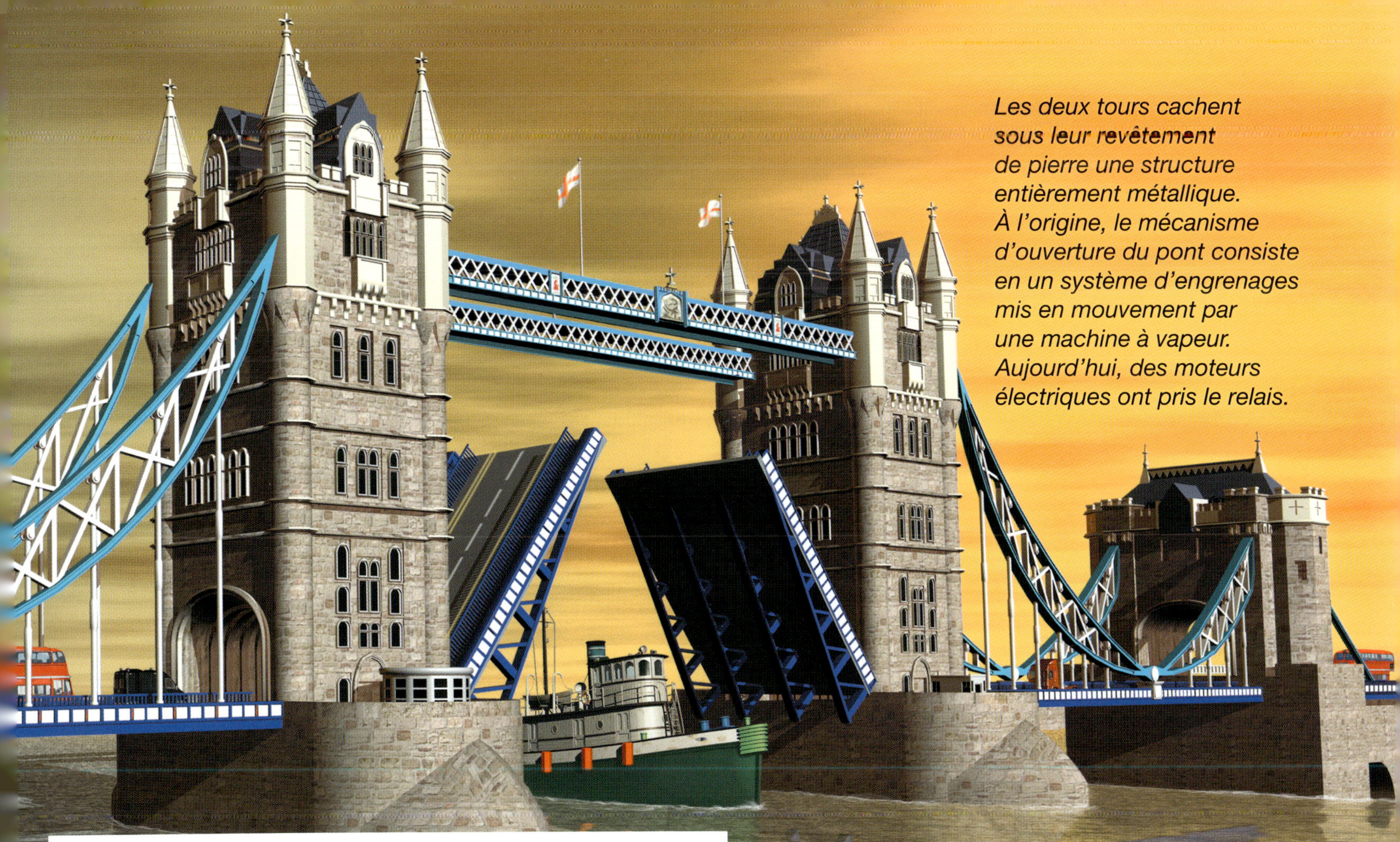

Les deux tours cachent sous leur revêtement de pierre une structure entièrement métallique. À l'origine, le mécanisme d'ouverture du pont consiste en un système d'engrenages mis en mouvement par une machine à vapeur. Aujourd'hui, des moteurs électriques ont pris le relais.

L.L. Paris, collection personnelle, domaine public.

Ci-dessus : pont transbordeur de Rouen. Les passagers prennent place sur la nacelle à quai (photo datant de 1903).

Les ponts transbordeurs

Une nacelle suspendue à un chariot roulant véhicule les passagers d'une rive à l'autre. Le chariot est entraîné par des câbles depuis la rive. On a construit beaucoup de ponts transbordeurs au XIXe siècle. Aujourd'hui, une dizaine sont encore en service dans le monde.

Les ponts couverts

Ces ponts au charme tout particulier sont très courants aux États-Unis et au Canada. Ils sont le plus souvent construits en bois, un matériau que l'on trouve en abondance dans ces régions. Un toit protège la structure des intempéries et évite au pont de se détériorer.

Une conception audacieuse

Cette étonnante passerelle située à Gateshead en Angleterre est formée de deux arches élégantes, dont l'une (1) soutient l'autre (2) par l'intermédiaire de câbles. L'une des arches (2) porte le tablier sur lequel circulent les piétons. Grâce à un mécanisme entraîné par huit moteurs électriques, l'ensemble peut basculer pour laisser passer soit les bateaux, soit les piétons (à gauche).

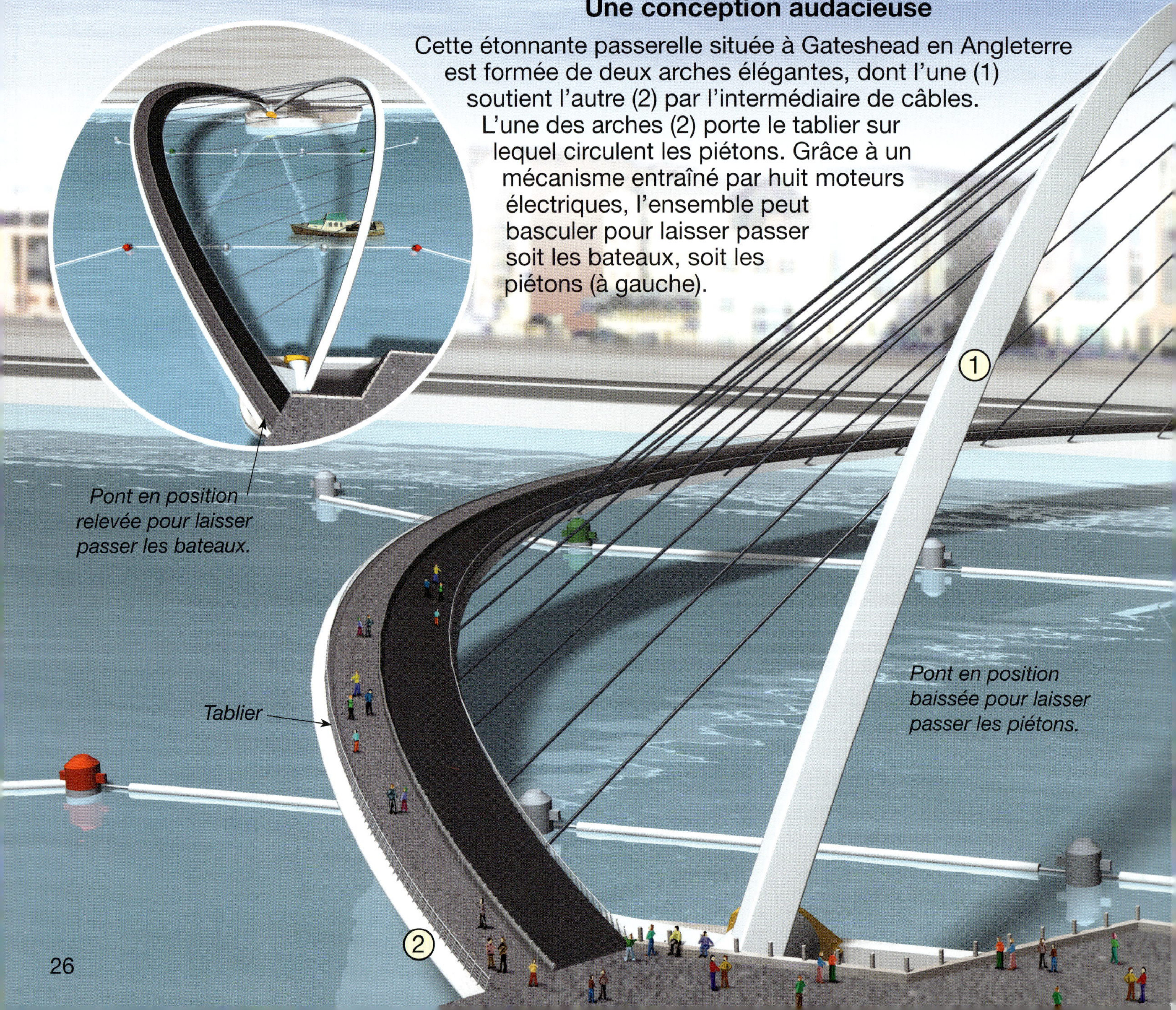

Un pont en accordéon

La passerelle de Kiel, en Allemagne, est constituée d'un tablier articulé, dont les trois parties se replient comme un accordéon pour laisser passer les bateaux. Cette opération est possible grâce à un mécanisme assez complexe qui tire et enroule des câbles depuis la rive.

Le pont levant de Rouen

Construit en France, sur la Seine, entre 2004 et 2007, et d'une hauteur totale de 86 m, il est formé de deux tabliers (un sens de circulation pour chacun) peuvant s'élever pour permettre le passage des bateaux. Le mécanisme, constitué d'un jeu de câbles, de poulies et de contrepoids, se situe dans le socle des piles.

Les tabliers, de 1 300 tonnes chacun, peuvent s'élever jusqu'à 55 m au-dessus du niveau de la Seine.

TABLE DES MATIÈRES

MDS : 660530
ISBN : 978-2-215-09732-7

Dépôt légal à la date de parution.
Conforme à la loi n° 49-956 du 16 juillet 1949
sur les publications destinées à la jeunesse.
Imprimé en Italie (03-17)